WATCHMAN NEE

DAR TESTIMONIO

Living Stream Ministry
Anaheim, California

Primera edición: febrero de 1998.

ISBN 0-7363-0127-5

Traducido del inglés
Título original: *Witnessing*
(Spanish Translation)

Publicado por

Living Stream Ministry
1853 W. Ball Road, Anaheim, CA 92804 U.S.A.
P. O. Box 2121, Anaheim, CA 92814 U.S.A.

Impreso en los Estados Unidos de América

98 99 00 01 02 03 / 9 8 7 6 5 4 3 2 1

DAR TESTIMONIO

Lectura bíblica: Hch. 9:19-21; 22:15; 1 Jn. 4:14; Jn. 1:40-45;
4:29; Mr. 5:19

I. EL SIGNIFICADO DEL TESTIMONIO

¿Cuánto tiempo dura la luz de una vela? Obviamente
hasta que la vela se consume. Pero si encendemos otra vela
con la que está encendida, la luz se intensifica doblemente.
¿Disminuirá la luz de la primera vela por haber encendido la
segunda? No. ¿Qué pasaría si usáramos la segunda vela para
encender una tercera? ¿disminuirla la luz de la segunda? No.
La luz de cada vela durará hasta que se consuma. Cuando la
primera vela se apague, la segunda todavía permanecerá
ardiendo, y cuando ésta se consuma, la tercera continuará
alumbrando. Lo mismo sucederá si encendemos diez, cien o
mil velas; la luz nunca se apagará. Este es un ejemplo del testimonio de la iglesia. Cuando el Hijo de Dios estuvo en la
tierra se encendió la primera vela, y desde entonces, una tras
otra ha ido encendiendo las demás. Durante diecinueve siglos,
la iglesia igual que las velas, sigue el mismo ciclo: cuando una
vela se apaga, otra se enciende. Este proceso continúa. Así
como la salvación nunca se ha detenido, la iglesia tampoco ha
dejado de alumbrar. Unos encendieron diez velas; otros cien,
pero cada vela se ha ido encendiendo, y la luz sigue alumbrando.

Hermanos, ¿queremos que la luz de nuestra vela continué
encendida, o que se consuma por completo? Alguien nos
encendió, y ese alguien no quiere que esta luz se extinga. Todo
cristiano debe predicar el evangelio para que la salvación
llegue a los demás, y el testimonio se extienda por toda la
tierra de generación en generación. Desafortunadamente

para algunos, el testimonio termina cuando su luz se extingue. ¡Esto es una lástima! La iglesia se ha estado propagando por generaciones. El testimonio de algunos continúa, mientras que el de otros cesa sin pasar a la posteridad. La luz de una vela sólo puede brillar mientras ésta permanezca encendida. De la misma forma, el testimonio de un hombre sólo puede durar mientras él viva. A fin de que la luz de una vela siga alumbrando, antes de que se consuma, deben encenderse otras. De esta forma, la segunda, la tercera, la centésima, la milésima y la diezmilésima vela, seguirá propagando esta luz hasta extenderse a todas partes del mundo. Dicha propagación no menguará en lo absoluto la luz que cada vela tiene. Ser un testimonio no nos perjudica; por el contrario, cuando testificamos, el testimonio sigue en marcha.

¿Qué significa dar testimonio? En Hechos 22:15 el Señor, por medio de Ananías, le dijo a Pablo que sería testigo Suyo a todos los hombres, de lo que había visto y oído. Aquí se indica que lo que hemos visto y oído es la base de nuestro testimonio. No podemos dar testimonio de algo que no sabemos. Dios comisionó a Pablo para que diera testimonio de lo que había visto y oído. Leamos 1 Juan 4:14: "Y nosotros hemos visto y testificamos que el Padre ha enviado al Hijo, como Salvador del mundo". Esto es testificar. Sólo podemos ser testigos de lo que hemos visto. Agradecemos a Dios porque creemos en el Señor Jesús, lo conocemos y le recibimos, y porque nos libró de nuestros pecados, nos perdonó y nos dio paz. Somos salvos, creemos en el Señor y estamos gozosos. Este es un gozo que jamás habíamos experimentado. Anteriormente, la carga del pecado que llevábamos sobre nuestros hombros era muy pesada; pero ahora, por la misericordia del Señor, ya no existe. Si hemos visto y oído ¿qué debemos hacer? Debemos dar testimonio de nuestra experiencia. Por supuesto, esto no significa que debamos renunciar a nuestro empleo para dedicarnos a predicar. Simplemente debemos ser testigos ante amigos, familiares y conocidos de lo que hemos visto y oído, conduciéndolos así al Señor.

El evangelio se detendrá si no continuamos dando testimonio. Es indudable que somos salvos, tenemos la vida del Señor y estamos "encendidos"; pero si no encendemos a otros, nuestro testimonio se detendrá cuando nuestra vela se consuma. Vayamos al encuentro del Señor con las manos llenas de creyentes. Los creyentes nuevos deben aprender desde el comienzo a dar testimonio trayendo a muchos al Señor. No seamos negligentes en este asunto. Si un creyente no habla desde el comienzo, formará un hábito muy difícil de romper. El día que creímos en el Señor, recibimos un Salvador maravilloso, una salvación muy grande y una gloriosa emancipación y, por primera vez, gustamos un amor tan vasto. No obstante, todavía no damos testimonio de esto ni encendemos a otros con nuestra luz. Recordemos que estamos en deuda con el Señor.

II. EJEMPLOS DE TESTIMONIOS

Analicemos dos porciones de la Palabra, las cuales nos proporcionan muy buenos ejemplos de cómo testificar.

A. Dar testimonio en las ciudades

En Juan 4 el Señor le habló a la mujer samaritana acerca del agua de vida. Ella comprendió que nadie en la tierra puede hallar satisfacción en otra cosa que no sea el agua de vida. Todo el que beba agua de un pozo, no importa cuántas veces lo haga, volverá a tener sed, porque tal agua nunca satisface. Solamente cuando bebemos del agua que el Señor nos da saciamos nuestra sed. Esa fuente salta dentro de nosotros satisfaciéndonos continuamente. Solamente este gozo interno puede darnos la verdadera satisfacción. La mujer samaritana se había casado cinco veces, sin hallar satisfacción. Ella era una persona que bebía incesantemente y nunca se saciaba. Incluso "el hombre que ahora tenía no era su marido". No hay duda que ella era una persona inconforme. Pero el Señor tenía el agua de vida que la podía satisfacer. Cuando el Señor le declaró quien era El, ella bebió y, dejando su cántaro, entró a la ciudad y dijo: "Venid, ved a un hombre que me ha dicho todo cuanto he hecho. ¿No será éste el Cristo?" (v. 29). Lo primero que ella hizo fue dar testimonio. ¿De qué dio testimonio? De Cristo. Quizás ella era conocida en la ciudad, pero posiblemente no estaban enterados de muchas de sus acciones. Sin embargo, el Señor le dijo todo cuanto ella había hecho. Esta mujer inmediatamente dio testimonio: "¿No será este el Cristo?" En el instante en que ella vio al Señor, invitó a otros a que constataran si El era el Cristo. Como resultado de las palabras de la mujer, muchos creyeron en el Señor. Todo creyente tiene la obligación de ser un testigo y de presentar el Señor a los demás. El salvó a todos los pecadores. Puesto que El es el Cristo, el Hijo de Dios, no tengo otra alternativa que testificar. Posiblemente no sepamos cómo dar un mensaje, pero sabemos que El es el Cristo, el Hijo de Dios, el Salvador designado por Dios. Somos pecadores, pero el Señor nos salvó, y aunque no sepamos explicar lo que nos sucedió, podemos animar a otros para que vengan y vean el gran cambio que se ha operado en nosotros. No podemos entender cómo sucedió esto. Antes pensábamos que éramos buenos, pero ahora sabemos que somos pecadores. El Señor nos ha mostrado nuestros pecados y todo aquello que antes no sabíamos que eran pecados. Ahora sabemos qué clase de personas somos. En el pasado cometimos muchos pecados de los que nadie se enteró y que ni nosotros mismos considerábamos pecados. Este hombre nos dijo todo cuanto hemos hecho; nos dijo todo lo que sabíamos y también lo que no sabíamos. Confesamos que hemos tocado a Cristo y que hallamos al Salvador. He aquí un hombre que nos dice que el "marido" que ahora tenemos no es nuestro marido; que si bebemos agua volveremos a tener sed y regresaremos por más. ¡Cuán ciertas son estas palabras! Vengan y vean. ¿No será éste el Salvador? ¿No será éste el Cristo? ¿No será éste el único que nos puede salvar?

Todos aquellos que saben que son pecadores, ciertamente tienen un testimonio que contar. La mujer samaritana testificó el mismo día que conoció al Señor. Ella no dejó pasar unos años, ni esperó regresar de una reunión de avivamiento para dar testimonio, sino que testificó inmediatamente al regresar a la ciudad. Cuando una persona se salva, debe contar inmediatamente lo que ha visto y entendido. No hablemos de lo que no sabemos, ni tratemos de componer un largo discurso; simplemente demos nuestro testimonio. Lo único que necesitamos al testificar es expresar lo que sentimos. Podemos decir por ejemplo: "Antes estaba deprimido siempre, pero ahora, después de creer en el Señor, siempre estoy gozoso. Antes buscaba muchas cosas y nunca estaba satisfecho, la ansiedad y la amargura eran mis compañeros, no podía dormir en la noche; pero ahora disfruto de una paz interior inexplicable; duermo bien, y siento paz y gozo en todo lugar". Nuestro testimonio no debe ir más allá de nuestra situación presente. Esto evitará discusiones. Presentémonos a los demás como testigos vivientes.

B. Vaya a los suyos y cuénteles

En Marcos 5:1-20 se narra la historia de un hombre que tenía un espíritu inmundo. Este es uno de los casos de posesión demoníaca más severo que consta en la Biblia. Este hombre tenía una legión de demonios, vivía entre los sepulcros, y nadie podía atarle, ni siquiera con cadenas. Gritaba de día y de noche entre las tumbas y en los montes y se hería con piedras. Cuando el Señor mandó que los demonios salieran de él, éstos entraron en una piara como de dos mil cerdos, los cuales se precipitaron en el mar por un despeñadero y se ahogaron. Después que el hombre endemoniado fue salvo, el Señor le dijo: "Vete a tu casa, a los tuyos, y cuéntales cuánto el Señor ha hecho por ti, y cómo ha tenido misericordia de ti" (v. 19).

El Señor después de salvarnos, manda que le contemos a nuestros familiares, vecinos, amigos, colegas y compañeros de clase que somos salvos. No sólo debemos testificar que creemos en Jesús, sino también cuánto ha hecho El por nosotros. El quiere que confesemos lo que nos aconteció. De esta manera otros se encenderán, y la salvación no se terminará, sino que seguirá avanzando.

Es una lástima que muchas almas de familias cristianas estén en camino a la condenación, porque nunca les hemos predicado el evangelio de Cristo. Ellas disfrutan de la era presente, sin ninguna esperanza de gozarse en la era venidera. ¿Qué nos detiene de contarles lo que el Señor ha hecho por nosotros? Estas personas están cerca de nosotros, y si nosotros no les damos testimonio, ¿quién más lo hará?

A fin de testificar y de que nuestra familia nos escuche, nuestra conducta debe ser diferente. Deben ver que desde que creímos en el Señor, nuestra vida ha cambiado, porque esto es lo único que ganará la confianza de ellos. Debemos ser personas justas, abnegadas, amorosas, diligentes y más gozosas que antes. Al mismo tiempo, debemos testificarles la razón de este cambio.

C. Proclamar a Jesús en la sinagoga

Hechos 9:19-21 dice: "Y estuvo Saulo por algunos días con los discípulos que estaban en Damasco. En seguida comenzó a proclamar a Jesús en las sinagogas, diciendo que El era el Hijo de Dios. Y todos los que le oían estaban atónitos, y decían: ¿No es éste el que asolaba en Jerusalén a los que invocaban este nombre, y a eso vino acá, para llevarlos presos ante los principales sacerdotes?"

Saulo iba en Camino a Damasco a fin de llevar presos a los creyentes. Mas en el camino el Señor le salió al en cuentro y le habló. En ese mismo instante un resplandor de luz lo cegó. Entonces los hombres que viajaban con él lo llevaron de la mano a Damasco, donde estuvo por tres días ciego y sin comer ni beber. El Señor envió a Ananías, quien le impuso las manos a Pablo para que recibiera la vista y fuera bautizado. Vemos aquí cómo, después de comer y recobrar las fuerzas, comenzó en seguida a proclamar en las sinagogas que Jesús era el Hijo de Dios. Hacer esto, obviamente no era nada fácil, porque anteriormente había perseguido a los discípulos del Señor. El había recibido cartas del sumo sacerdote que lo autorizaban para apresar a los creyentes. Aparte de esto, posiblemente Pablo era una de las setenta y una personas que componían el sanedrín judío. ¿Qué debía hacer ahora que había creído en el Señor? Su intención inicial era echar en la cárcel a aquellos que creían en el Señor; ahora, él mismo se hallaba en peligro de ser apresado. Pablo debía escapar o esconderse; sin embargo, entró en las sinagogas a proclamar que Jesús es el Hijo de Dios. Esto nos muestra que lo primero que una persona debe hacer después de recibir al Señor es dar testimonio. Después de haber recobrado la vista Pablo, aprovechó la primera oportunidad que tuvo para testificar que Jesús de Nazaret es el Hijo de Dios. Todo el que cree en el Señor Jesús debe hacer lo mismo.

Todo el mundo sabe que Jesús existe, pero muchos lo conocen como uno más entre millones de hombres. Aunque para unos sea un poco más especial que para otros, sigue siendo un hombre común. Un día la luz y la revelación llegaron a nosotros e iluminaron los ojos de nuestro corazón, y descubrimos que este Jesús es el Hijo de Dios. Nos dimos cuenta de que Dios tiene un Hijo. ¡Jesús es el Hijo de Dios! ¡Qué gran descubrimiento! Descubrimos que entre todos los hombres hay uno que es el Hijo de Dios. ¡Esto es maravilloso! Cuando una persona recibe al Señor Jesús como su Salvador, y confiesa que Él es el Hijo de Dios, da testimonio de algo grandioso. Esto no puede pasar desapercibido. Creo que todos nos maravillaríamos si alguien se encontrara con un ángel. Pero, cuánto más maravilloso es descubrir al Hijo de Dios, quien es superior a los ángeles.

En este pasaje tenemos a un hombre que va en camino a apresar a aquellos que creen en el nombre del Señor; mas después de caer y levantarse, entra en las sinagogas y proclama que Jesús es el Hijo de Dios. ¿Estaba este hombre loco? No, sino que había recibido una revelación. Entre millones de hombres encontró a uno que es el Hijo de Dios. Nosotros igual que Pablo, hemos hallado entre muchos hombres a uno que es el Hijo de Dios. Si percibimos cuán grande, importante y maravilloso es este descubrimiento, testificaremos inmediatamente: ¡He encontrado al Hijo de Dios! ¡Jesús es el Hijo de Dios! ¿Cómo puede una persona permanecer pasiva después de creer y ser salva como si nada hubiera sucedido? Si alguien dice que cree en el Señor Jesús, y sin embargo es indiferente y no piensa que esto es maravilloso y especial, dudo que haya creído en verdad. Tenemos algo grandioso, maravilloso, extraordinario, especial, más allá de toda imaginación: ¡Jesús de Nazaret es el Hijo de Dios! ¡Este es un asunto extremadamente crucial! Cuando uno ha visto esto, no le importa tocar la puerta de los amigos a la medianoche para contarles que hay algo maravilloso en el universo: ¡Jesús de Nazaret es el Hijo de Dios!

Vemos a un hombre que acaba de recobrar la vista y entra en las sinagogas a proclamar: "¡Jesús de Nazaret es el Hijo de Dios!" Todo creyente debe hacer lo mismo. Cuando descubrimos que Jesús es el Hijo de Dios, no podemos quedarnos callados, porque éste es un descubrimiento maravilloso y crucial. Pedro le dijo al Señor: "Tú eres el Cristo, el Hijo del Dios viviente", y el Señor le respondió: "No te lo reveló carne ni sangre, sino Mi Padre que está en los cielos" (Mt. 16:16-17). Cuando Jesús estuvo entre nosotros nadie lo conoció como el Hijo de Dios, excepto aquellos a quienes el Padre se lo reveló.

Hermanos y hermanas, nunca pensemos que nuestra fe es insignificante. Debemos darnos cuenta de que nuestra fe es inmensurable. Saulo habló en las sinagogas porque el descubrimiento que había hecho era extremadamente grandioso. Nosotros haremos lo mismo si nos damos cuenta de cuán maravilloso es lo que hemos visto. ¡Jesús de Nazaret es el Hijo de Dios! Este es un hecho glorioso.

D. Contacto personal

Además de ir a la ciudad, a nuestra casa y a las sinagogas a dar testimonio de nuestra fe en el Señor, también debemos portar un testimonio especial para guiar a otros al Señor en un contacto personal. Tal es el testimonio que vemos en Juan 1:40-45. Andrés creyó e inmediatamente condujo a su hermano Pedro al Señor. Pedro llegó a ser más dotado que Andrés, pero fue éste último quien lo trajo al Señor. Felipe y Natanael eran amigos. Felipe creyó primero y fue a buscar a su amigo, quien también recibió al Señor. Andrés llevó su hermano al Señor, y Felipe a su amigo. Estos son ejemplos de como podemos llevar a los hombres a la salvación por medio del contacto personal.

Hace aproximadamente cien años, hubo un creyente llamado Harvey Page. A pesar de que no tenía ningún don especial, ni sabía como llevar el evangelio a las multitudes, el Señor tuvo misericordia de él y le abrió los ojos para que viera que podía, en su contacto personal, conducir una persona a Dios. El no podía realizar grandes obras, pero sí podía concentrar su atención en una persona a la vez. Todo lo que hacía era decir: "Yo soy salvo y usted también necesita ser salvo". Una vez que hablaba don un amigo, oraba y no desistía hasta que éste se salvaba. Al momento de su muerte, y por esta práctica condujo al Señor más de cien personas.

Un creyente llamado Todd tenía la habilidad especial de conducir a las personas a la salvación. El fue salvo a la edad de dieciséis años. Mientras visitaba una aldea en un día festivo, se hospedó en la casa de una pareja de ancianos. Estos hermanos, obreros de mucha experiencia en la iglesia, lo guiaron al Señor. Este joven había vivido una vida desordenada, pero ese día se arrodilló a orar y fue salvo. En el transcurso de la conversación el joven se enteró de que el evangelio no prevalecía en aquel lugar porque un hombre de apellido Dickens no quería arrepentirse. Este hombre era un soldado retirado que tenía más de sesenta años de edad. El mantenía un arma en su casa y había jurado disparar a quien viniera a predicarle el evangelio, porque pensaba que los creyentes eran hipócritas, y así los llamaba. Cada vez que se encontraba con uno, lo insultaba. Ningún creyente se atrevía a predicarle el evangelio, ni siquiera a pasar por la calle donde él vivía. Al escuchar esto, Todd dijo: "¡Oh Señor, hoy he recibido Tu gracia. Me salvaste. Debo ir a testificar de este hecho al señor Dickens". El recién había recibido la salvación; sin embargo, deseaba dar testimonio al señor Dickens. La pareja de ancianos le aconsejó que no fuera. "Muchos de nosotros", le dijeron ellos, "hemos tratado de persuadirlo pero no lo hemos logrado. Ha perseguido a algunos con una vara, y otros escaparon corriendo cuando los amenazó con el arma. Ha golpeado a muchas personas, mas no lo hemos querido llevar al tribunal por nuestro testimonio. Pero esto parece que le da más confianza". Todd decidió ir de todas maneras.

Cuando tocó la puerta del señor Dickens, éste salió con un palo en la mano y preguntó: "¿Qué desea, joven?" Todd le respondió: "¿Me permite hablar con usted?" El hombre consintió y le permitió entrar a la casa. Una vez adentro, Todd le dijo: "Quiero que reciba al Señor Jesús como su Salvador". El señor Dickens alzando la vara dijo: "Supongo que usted es nuevo aquí, así que lo dejaré ir sin golpearlo. Pero tiene que saber que a nadie le permito mencionar ese nombre en esta casa. Así que, ¡salga! ¡salga de inmediato!" Todd volvió a insistir: "Quiero que usted crea en Jesús". El señor Dickens se puso furioso y subió al segundo piso a traer su escopeta. Cuando bajó le gritó: "¡Salga o disparo!" Todd contestó: "Le pido que crea en el Señor Jesús. Si quiere disparar, hágalo, pero antes de que dispare permítame orar". Y arrodillándose en frente del señor Dickens oró: "¡Oh, Dios! Este hombre no te conoce. Por favor, ¡sálvalo, ten misericordia de él! ¡Ten misericordia del señor Dickens!" Todd permaneció arrodillado sin levantarse y continuó orando: "¡Oh, Dios! ¡Por favor ten misericordia del señor Dickens! ¡Por favor ten misericordia del señor Dickens!" Estuvo orando así hasta que de repente escuchó un gemido cerca de él. El señor Dickens bajó su escopeta y se arrodilló junto a él y oró: "¡Oh, Dios! ¡Ten misericordia de mí!" En cuestión de minutos el hombre aceptó al Señor. "Antes, dijo, sólo había escuchado el evangelio, hoy he podido verlo". Más tarde, el joven contaba: "La primera vez que vi su rostro, éste reflejaba el pecado y la maldad, pero después de recibir al Señor, la luz brillaba en su rostro surcado de arrugas, el cual parecía decir: "Dios ha sido misericordioso para conmigo". El señor Dickens fue a la iglesia el siguiente domingo, y más tarde guió a decenas de personas a la salvación.

Podemos ver aquí cómo Todd, dos horas después de haber sido salvo, pudo guiar al Señor una persona que era considerada un caso imposible. Cuanto más pronto un creyente nuevo testifique, mejor. No dejemos que el tiempo pase. Tan pronto recibimos a Cristo, debemos llevar a otros a la salvación.

III. LA MAGNITUD DEL TESTIMONIO

A. Causa de gran gozo

Los dos días más felices de un creyente son el día en que cree en el Señor y cuando por primera vez guía a alguien a Cristo. El primero es un día de inmenso regocijo. Sin embargo, el gozo de conducir una persona por primera vez al Señor es quizás mayor que el gozo que experimentamos cuando nosotros somos salvos. Muchos cristianos no disfrutan esto porque nunca han testificado ni guiado a alguien al Señor.

B. Seamos sabios

Proverbios 11:30 dice: "El que gana almas es sabio". Desde el inicio de nuestra vida cristiana, debemos aprender a ganar almas de diferentes maneras. Debemos ser sabios para ser personas útiles en la iglesia. Esto no significa que debemos predicar un mensaje desde una plataforma. Este tipo de predicación nunca puede reemplazar la labor personal. Aquellos que sólo saben predicar desde una plataforma, me temo que no saben cómo guiar a los hombres al Señor. No los exhortamos a dar un mensaje desde la plataforma, sino a salvar a los incrédulos. Muchos son hábiles para predicar, pero no para salvar. Por eso no nos extraña que cuando les traen una persona para que le prediquen, no saben qué hacer. Personas así no son muy útiles. Los que verdaderamente son útiles, son aquellos que pueden traer otros a Cristo en un contacto personal.

C. La vida que engendra.

El árbol que crece produce retoños. De la misma manera, todo aquel que tiene la vida de Dios engendra vida. Aquellos que nunca dan testimonio a los pecadores, probablemente necesitan que otros vengan a testificarles a ellos. Si no tienen deseo ni interés de llevar a otros al arrepentimiento, indudablemente ellos mismos necesitan arrepentirse. Los que no hablan por el Señor, necesitan escuchar de nuevo el evangelio de Dios. Nadie puede haber crecido tanto espiritualmente como para no necesitar dar testimonio y salvar a otros. Los nuevos creyentes necesitan testificar desde el mismo comienzo de su vida cristiana. Esto es algo que todos debemos hacer por el resto de nuestras vidas.

Cuando maduremos en la vida espiritual, posiblemente nos digan que tenemos que ser un canal de agua de vida, y ser uno con el Espíritu Santo, a fin de que el agua de vida, el Espíritu Santo, pueda fluir desde nuestro interior. Pero así como un canal une dos extremos, asimismo corre del Espíritu Santo, quien es un canal de vida, y une dos extremos: el Espíritu Santo, la vida y el Señor en uno, y el hombre en otro. El agua de vida no puede fluir si el extremo que llega al hombre está cerrado. No debemos pensar que es suficiente que la abertura que da al Señor esté despejada. El agua de vida no puede fluir en aquellos que solamente están abiertos al Señor. En un extremo debemos estar abiertos a El, y en el otro, al hombre. El agua de vida fluye cuando ambos extremos están abiertos. Algunos no tienen fortaleza, porque el extremo en el cual está el Señor, no se encuentra abierto; y otros, porque el extremo del testimonio y la predicación del evangelio está cerrado.

D. La desdicha de experimentar la separación eterna

Muchos todavía no han escuchado el evangelio porque nunca les hemos testificado y, como consecuencia, serán privados de la eternidad, lo cual es extremadamente crucial pues no es una ruptura temporal. Una vez un hermano fue invitado a cenar a la casa de un amigo. El era muy culto y elocuente, y ambos disertaron largamente sobre temas intelectuales. Otro amigo de ellos, ya anciano, también estaba presente. Como oscurecía ya, el dueño de casa los invitó a quedarse a pasar la noche. El cuarto del hombre anciano quedaba directamente en frente del cuarto de este hermano. Poco después de haberse retirado a sus habitaciones, el hermano escuchó que algo cayó al piso. Cuando fue al otro cuarto, vio que su amigo yacía muerto en el suelo. Cuando las otras personas llegaron, el hermano dijo con tristeza: "Si hubiera sabido que esto iba a suceder, mi conversación de hace dos horas hubiera girado en torno a asuntos eternos. Le hubiera dicho que Cristo fue crucificado por él. Yo sé que si hubiera dicho esto a la hora de la cena, posiblemente ustedes se habrían molestado conmigo por ser inoportuno. Ahora es demasiado tarde para él. Ni siquiera dediqué cinco minutos para hablarle acerca de la salvación. No le di la oportunidad. Pero espero que ustedes me escuchen ahora: ¡Toda persona necesita creer en el Señor Jesús y en Su cruz!" La separación eterna es un hecho y no es temporal. Una vez que la oportunidad se escapa, el hombre queda excluido del cielo por la eternidad. ¡Qué tragedia tan grande! Debemos aprovechar toda oportunidad que tengamos para testificar.

D. L. Moody tenía una habilidad especial para conducir a los hombres a la salvación. El se propuso predicar el evangelio a una persona por día. En cierta ocasión, después de acostarse se acordó de que ese día todavía no había predicado el evangelio. Así que se volvió a vestir y salió a buscar a alguien a quién hablarle. Cuando miró el reloj era medianoche. ¿A dónde podría encontrar a alguien a esa hora? Las calles estaban desiertas y la única persona que encontró fue un policía que estaba de servicio. "Usted necesita creer en el Señor", le dijo. El policía, que estaba de mal humor, le contestó: "¿No tiene usted otra cosa mejor que hacer, a esta hora de la noche, que tratar de convencerme que crea en Jesús?" Después de compartir unas breves palabras con él, Moody regresó a casa, pero el policía fue conmovido por lo que le dijo. Días más tarde el policía fue a visitar a Moody y fue salvo.

Tan pronto uno es salvo, debe proponerse guiar a los incrédulos al Señor. Debemos hacer una lista de las almas que deseamos se salven en el año. Si decidimos salvar diez o veinte por año, debemos orar por ellas. No debemos orar de una manera general. No debemos decir: "Oh Señor, por favor, salva pecadores". Esta clase de oración es demasiado difusa. Debemos tener una meta específica y anotar en un cuaderno los nombres de los que hemos traído al Señor. Al finalizar el año, contemos los que fueron salvos y los que todavía no lo son. Continuemos orando por los que todavía no han recibido la salvación. Debemos poner esto en práctica. No es aspirar demasiado si pedimos treinta o cincuenta almas por año; aunque diez o veinte sea lo normal. En nuestra oración debemos pedirle al Señor por alguien en particular. El Señor desea escuchar oraciones específicas. Debemos orar diariamente y testificar en toda oportunidad. Si todos predicamos el evangelio de esta manera, y guiamos a otras personas al Señor, nuestra vida espiritual progresará rápidamente.

Debemos llevar en alto la antorcha del evangelio para que alumbre a todos los que nos rodean. Todo cristiano debe llevar la luz. El testimonio del evangelio debe brotar de nosotros continuamente, hasta la venida del Señor. No debemos estar encendidos sin alumbrar a los demás. Debemos encender muchas velas. Innumerables almas están esperando la salvación; por tanto, debemos ser un testimonio que las guíe a Cristo.